Realizzazione editoriale, progetto grafico e impaginazione dell'autore.

In copertina: La Scuola di Atene, particolare (grafico dell'autore)

Valter Vannelli

RAFFAELLO E L'ANOMALIA MICHELANGELO NELLA SCUOLA DI ATENE

Strutture esoteriche e contenuti simbolici di processi formativi

Quaderni

Introduzione

L'idea dei *Quaderni* risponde al desiderio di dare seguito a "*L'idea della forma*", del 2017, assegnando ad ogni nuova lettura un fascicolo monografico.

Come le letture pubblicate, "*Raffaello e l'anomalia Michelangelo nella Scuola di Atene*" e le altre che seguiranno intendono avvicinare allo studio di strutture e contenuti di processi creativi; alla comprensione di realtà che, prima di divenire proprie del mondo figurativo di pittori, scultori, incisori e architetti, restano specifiche e permanenti dell'attività della psiche individuale e collettiva; una attività conscia ed inconscia, dalla quale quelle strutture e quei contenuti, quali produzione e rappresentazione esoterica di archetipi e simboli, con processi intuitivi e intellettivi di comune esperienza e nozione, provengono.

Nello specifico, le letture intendono avvicinare al mondo delle manifestazioni creative dei caratteri fondamentali della coscienza, quelli meno impermanenti nella storia della cultura e della sua produzione figurativa - la ragione, il sentimento, l'intuizione, le senzazioni - e darne una rappresentazione.

Si distinguono tuttavia dalle precedenti nel metodo di indagine, indirizzato a favorire l'interpretazione dell'esperienza figurativa per mezzo della individuazione, descrizione e ricostruzione del suo processo creativo; ossia, di una ipotesi intesa ad essere, per studio dei dati, coerenza e razionalità, la più prossima a quella seguita dall'autore nella realizzazione dell'opera; senza presunzioni di verità storica, ma con la convinzione che alcuna interpretazione dei contenuti possa esimere da un tentativo logico e metodico di indagare sulle relazioni strutturali e procedurali di un'opera, e le corrispondenze di senso, anche esoterico, con i suoi elementi figurativi.

In breve, come anticipato nel testo citato, l'esperienza proposta è tipica di una lettura soggettiva e parziale, e tuttavia esemplificativa delle matrici storiche e figurative delle nostre culture: dalle origini e senso di una tela o di un edificio, al disegno e senso di una città come Roma; matrici a loro volta tutte astratte e sfuggenti, e nondimeno emblematiche della natura e dei moti dell'anima.

L'anima; della quale non sappiamo che sia, ma senza la quale, come già scritto in quel testo del 2017, non manifesteremmo nella ricerca del significante, del bello e del permanente il bisogno, mai soddisfatto e tutto umano, di libertà, di felicità e di speranza.

V V / 2018

* www.valtervannelli.it, in rete dal 1995, su Register dal 2005.

RAFFAELLO E L'ANOMALIA MICHELANGELO NELLA SCUOLA DI ATENE

1 - Raffaello Sanzio da Urbino, Scuola di Atene.
L'affresco è databile tra il 1509 ed il 1511. Misura metri 7,70×5,00 circa. Si trova nella stanza della Segnatura, una delle quattro Stanze Vaticane dei Palazzi Apostolici.
2 - Scuola di Atene, particolare.

Senza voler dare prova di un dato storico specifico, questa pagina ne propone uno schema interpretativo; una ipotesi di lettura critica di un solo elemento figurativo di un'opera, le cui possibilità di senso non possono essere esplorate, spiegate e rese plausibili, se non entro la cultura che (oltre alla ammirazione per il suo valore estetico) di volta in volta si interessa anche al significato - non costante e mai davvero definitivo, perchè dalle origini esoterico e simbolico - dei messaggi insiti nella rappresentazione; nel caso, di un particolare dell'affresco che solo dall' 800 è detto 'La Scuola di Atene'.

L'anomalia Michelangelo nella Scuola di Atene

Analisi e letture di iconografie esoteriche e simboliche

Dopo i testi del 2008 e del 2017, questa pagina entra nel merito di elementi figurativi originati da relazioni caratteriali tra Raffaello e Michelangelo durante il loro tirocinio romano, al servizio di Giulio II della Rovere; il primo, poco più che ventenne, nelle stanze dell'appartamento papale; l'altro, già adulto, sotto la volta della Sistina.

Riflessioni inevitabili sulla produzione coeva di entrambi, già da allora considerata eccezionale; mirate - per chi scrive queste note, e purché le corrispondenze tra i personaggi dell'affresco restino attendibili - a individuare forme e senso di riconoscimenti culturali ed esternazioni psicologiche ed emotive, sorte in questi anni tra loro, e mostrate nelle opere. Relazioni e manifestazioni essenzialmente derivate dai caratteri fondamentali della psiche individuale, non estranee a rivalità e competizioni, ma fondate sulla unicità ed autenticità dei due personaggi, protagonisti assoluti del sorgere del Cinquecento sulla scena romana.

Da cui, l'origine di giudizi di merito e di valore, derivati dai caratteri razionali della coscienza - la ragione, il sentimento - convergenti in singolari manifestazioni creative ed in segni anche esoterici di reciproco riconoscimento.

L'inserimento della figura di Michelangelo nell'affresco della Scuola di Atene ne è una dimostrazione; é l'elemento figurativo e semantico in esame; lo stesso che con ipotesi e riflessioni ci consente di risalire alla sua chiave di lettura.

E' un dato che questo inserimento non figuri neppure nell'ultimo cartone conservato, quello dell'Ambrosiana; e che, se supposta o prevista, questa presenza debba essere restata in dubbio o sospesa sino all'ultima ora.

Si sa, dell'opera in fase di progetto, di ripensamenti e ricomposizioni in disegni e cartoni, fino a quello dell'Ambrosiana.

Si sa, della fase esecutiva, del diverso uso dei cartoni sull'intonaco; e della esecuzione o messa in opera del progetto che, trasformato e ricomposto definitivamente nell'impianto cromatico e luministico dell'affresco, presenta fino all'ultimo in primo piano una parte ancora priva di intonaco. Si è detto invece sulla figura di Michelangelo, assisa in primo piano e appoggiata a un blocco di marmo in una posizione pressoché centrale; ma non abbastanza sul ruolo e sul senso non imme-di-ato, non solo celebrativo, di questa figura.

Meno ancora si riscontra sulla stranezza della posizione di quel blocco, trasversale rispetto alla composizione rigorosamente assiale e ordinata di tutto il resto; dalla concezione e dalla struttura centrale dell'opera, classica e bramantesca, all'impianto assolutamente prospettico dello spazio architettonico; dalla disposizione equilibrata delle sequenze e dei gruppi di figure, all'ordine simmetrico delle componenti minori, della dinamica e composta sequenza dei personaggi e dei loro gruppi, fino alla più serena e classicheggiante distribuzione degli elementi cromatici e delle luci, uniformi, chiare e diffuse.

L'interrogativo è dunque su questa figura obliqua; su questo lascare al traverso dell'immagine di Michelangelo con il suo masso; questo stravagante parallelepipedo solido e spigoloso, essenziale all'equilibrio della persona che, pensosa, gli poggia sopra; insieme alla quale da luogo ad una figura triangolare a suo modo isolata o raccolta, aggiunta proprio per ultima e, non bastasse, in primo piano. Perchè questa anomalia?

E dire che quel blocco di pietra svolge nell'insieme dell'affresco, per posizione e per forma, un ruolo formale e semantico non solo eccezionale; ma, addirittura, la sua posizione infine intenzionale e ideologica, deviata e diagonale, è evidenziata dalla corrispondenza dello spigolo destro di quel masso con l'asse centrale, zenitale, di tutta la comnposizione. Inoltre, meno rilevante e tuttavia significativo, quella devi-anza, quella anomalia per Raffaello infine necessaria, è sottolineata pure dal fatto che la faccia di quel masso si protende quasi a coprire il centro del disegno del pavimento a quadratoni; quello che ad un livello più basso della gradinata, e del retrostante spazio basilicale (anteprima di S. Pietro), evidenzia nell'affresco la scena in primo piano.

Vale tuttavia notare la postura della figura di Diogene, seduta sui gradini, con le gambe piegate a destra, già presente nel cartone dell'Ambrosiana; un andamento prospettico e diagonale che si accompagna, su quel lato, fino al gruppo di destra in primo piano, ed alla lavagnetta poggiata a terra.

Sulla disparità dei caratteri dei due protagonisti si sa molto.

_ Si sa della socievolezza, della giovialità, della grazia, della estroversione del primo; della sua multiforme formazione culturale, della vocazione ad una figura-tività colta, creativa, raffinata e luminosa; del modo di concepire, dei metodi sorvegliati ma innovativi nello svolgere il lavoro. Aspetti anche mondani e accatti-vanti del carattere e doti creative di un giovane riconosciuto, già allora, quale prin-

cipe del piacere e della bellezza; archetipe del neoplatonismo e di valori davvero so-
lari e permanenti del Rinascimento.
_ Come, all'opposto, si sa dell'altro; di persona integra e introversa, non socievole,
parca nei costumi, brusca nei modi, che patisce di una natura dispettosa; di per-
sona animata da fervore religioso, da valori assoluti e convinzioni radicali; com-
battuta tra fedeltà e fede, riluttante nei confronti delle attese della committenza,
eversore rispetto al malcostume ed alla tirannica arroganza della Chiesa di Roma.
E che tuttavia, anche nel dubbio etico ed estetico nel quale arrovella le opere più
tarde e maggiori, è sempre geniale; tale da immaginare la forma e lo spazio in ogni
possibile manifestazione espressiva e creativa; manifestazioni, dunque, sempre as-
solute; sottese da una conoscenza che implica giudizio critico, comprensione e
saggezza; non ultimi, immedesimazione nel valore simbolico degli archetipi dell'e-
sistenza, e affidamento nella permanenza del loro senso.

In breve, due concezioni del mondo e della vita in gran parte antitetiche; avvicinate
tuttavia da riferimenti culturali (classici e neoplatonici) ad entrambi comuni; illu-
minate e infine graziate da una comune vocazione ad esprimere, ben oltre i limiti
confessionali di una Chiesa autocelebrativa, superba e blasfema, il sapere, la
verità, la bellezza.
Un dato che Émile Zola, in 'Roma', riassume in queste parole: "Con Michelan-
gelon e Raffaello il paganesimo indubbiamente ricompariva trasformato nello
spirito cristiano. Ma non si fondava forse anche questo sulla stessa base? Forse le
nudità gigantesche del primo non venivano dal cielo terribile di Jehovà, filtrate at-
traverso l'Olimpo? E le figure ideali dell'altro non facevano forse balenare sotto il
casto velo della Vergine le carni divine e desiderabili di Venere?".

Con il volgere del primo decennio del '500, l'umanesimo fiorentino - classicheg-
giante e laico, matrice di riletture figurative anche critiche della storia e propositivo
di introspezioni psicologiche dei caratteri della coscienza - rivissuto in quell'humus
che solo tra le memorie grandiose di Roma antica e pagana poteva essere respirato
e compreso, illumina infine a giorno le Stanze vaticane e risuona come un coro
epico dalla volta della Sistina.
Siamo al 1511-1512.
Dall'arrivo di Lutero in Vaticano sono trascorsi due anni. Lo sgomento ed altri
sentimenti avversi di genti estranee alle grandiosità ed agli sperperi di Roma sem-
brano ancora lontani.
Nelle stanze del Vaticano, da allora con la Sistina le più celebrate, Michelangelo,
non solo dalla volta, ma anche da quel primo piano della Scuola di Atene per
mano del giovane artista sta già lì di traverso, pensoso di un messaggio che è anche
un monito alla Chiesa; un messaggio che Raffaello comprende, sceglie di cogliere e

3 - Il cartone dell'Ambrosiana. Anche senza sapere dell'affresco finito, il vuoto in primo piano mostra di non essere risolto e composto. Si veda la figura e la didascalia 5.
4 - Parte dell'affresco corrispondente al cartone dell'Ambrosiana, riproposta per analisi comparative.

con quell'anomalia - sintesi di una ponderazione risolta nell'intuizione di un giudizio infine critico e storico - come di getto in apparenza ci da.
(Sorprendente e sintomatico come storia e cultura, ed a maggior ragione una loro visione e condivisione critica e creativa, procedano a volte per combinazioni o fortune con passi sghembi e ruoli ribaltati; come i due protagonisti di questa pagina, impegnati in una contesa figurativa sotto gli stessi tetti, l'uno nel ruolo dell'altro).

Per immagini e argomenti correlati, dell'autore, si veda:
ARCHITETTURA E PSICHE _ Introspezione sulle immagini permanenti e sui caratteri fondamentali del progetto. Kappa, Roma 2008.
L'IDEA DELLA FORMA _ Letture di iconografie esoteriche e simboliche. Lulu, 2017.

Il cartone dell'Ambrosiana / Citazioni , 1

"Raffaello Sanzio, Cartone preparatorio per la "Scuola di Atene" (1509 - 1511), carboncino e biacca su carta incollata su tela, cm. 285 x 804, Milano, Pinacoteca Ambrosiana. Per poter realizzare questo disegno, a grandezza naturale, dell'affresco della Stanza della Segnatura in Vaticano, furono impiegati circa 210 fogli di carta. Su questa grande superficie Raffaello distribuì la schiera di figure di illustri pensatori dell'antichità che animano la scena attorno ai due protagonisti centrali, Platone e Aristotele.
Le forature che appaiono lungo i contorni dei volti e dei panneggi testimoniano il successivo lavoro di trasporto, eseguito con la tecnica a spolvero, sui cartoni definitivi delle singole giornate di lavoro. L'aspetto lacunoso di alcuni dettagli è facilmente integrabile dal confronto con l'affresco, soprattutto per la figura di Eraclito/Michelangelo, aggiunta successivamente da Raffaello in vista del termine dell'esecuzione della volta della Cappella Sistina".

Da: RAI, Museo Nazionale, Radio3"

"...ci fu un intenso ed accurato studio prima della realizzazione effettiva dell'affresco, infatti sono rimasti diversi cartoni che testimoniano l'evoluzione di questo lavoro, come ad esempio quello conservato all'Ambrosiana"
...
"Quando dovevano dipingere su una parete, i pittori preparavano nel proprio atelier un "cartone", un grande disegno in formato 1:1. Gli allievi e gli assistenti si incaricavano di "ricalcare" il disegno del maestro sul muro, come traccia per l'esecuzione finale dell'affresco. Questa era la tecnica più usata nel Rinascimento: solo Leonardo, nell'Ultima Cena, tentò con scarsi risultati di trovare un'altra soluzione per fissare i colori sul muro. I disegni preparatori sono estremamente rari, e per questo il fantastico cartone di Raffaello all'Ambrosiana va considerato del tutto eccezionale.
Con incomparabile finezza e con splendido senso della composizione, Raffaello ha disposto uno accanto all'altro i filosofi dell'antichità, con una naturale scioltezza di gesti e di rapporti sotto la quale si rivela una tecnica sopraffina. Alcuni dei personaggi antichi hanno il volto di protagonisti dell'epoca: Platone, al centro della composizione, è in effetti un ritratto inconfondibile di Leonardo".

Da: Museo di Milano

5 - Particolare dello spigolo del parallelepipedo di pietra allineato sull'asse di simmetria della composizione.

Il cartone dell'Ambrosiana / Citazioni, 2

"Il grande cartone preparatorio per la Scuola di Atene, affrescata da Raffaello nelle Stanze Vaticane nel 1510, aveva suscitato l'interesse di Federico Borromeo già nel 1610, ma venne definitivamente ceduto dalla vedova del proprietario, Fabio Borromeo Visconti, solo nel 1626 per una somma di seicento lire imperiali. Pertanto, già nel 1625, il grande disegno è descritto nel Musaeum. Si tratta dell'unico grande cartone rinascimentale pervenuto quasi integro. Rispetto al dipinto manca l'architettura classica che accoglie e sovrasta il consesso di filosofi e la figura di Eraclito, aggiunta da Raffaello ad affresco ormai concluso, usando le sembianze di Michelangelo. Per il resto il cartone comunica grande equilibrio compositivo e la chiarezza di contenuto che Raffaello aveva raggiunto in questo trionfo della saggezza antica, radunata attorno alle figure cardini di Platone e Aristotele".
Da: Veneranda Biblioteca Ambrosiana

"E' in questa fase, ... 1511, che sembra potersi inserire l'aggiunta nella Scuola di Atene del personaggio di Eraclito, definito anche 'il Pensieroso'. La figura, dipinta in affresco, è stata inserita demolendo lo strato di pittura preesistente con tagli perpendicolari al piano dell'intonaco. Nel particolare della spalla del 'Pensieroso' si notano i resti di un segno tracciato con la 'sanguigna', quale precisa indicazione della porzione d'intonaco da demolire, e non con taglio a scivolo ... secondo la prassi dell'esecuzione consecutiva di diversi strati d'affresco. Dunque, l'intonaco per dipingere Eraclito fu accostato e non sovrapposto e quindi è proprio la tipologia della giunzione che fa verosimilmente ipotizzare un'operazione effettuata su un intonaco ormai indurito. La figura, è condotta con pennellate corpose molto vicine a quelle con le quali sono dipinti gli ultimi ritratti in ordine cronologico della stessa Stanza. Il 'Pensieroso' è stato spesso assimilato al ritratto di Michelangelo e forse potrebbe essere un riconoscimento a quel 'geniale concorrente' che ebbe la forza dirompente di indicare una nuova via all'espressione artistica del Cinquecento."
Da: Maurizio De Luca"Le tecniche pittoriche: l'esecuzione, la teoria, il restauro".
"Solo e soltanto la committenza poteva dettare le istruzioni iconografiche cui il pittore avrebbe dato visibilità e al quale spettava esclusivamente la qualità dell' esecuzione; quindi, il mito romantico della "libertà dell'artista", prenderà corpo soltanto nell'ambito dei mutamenti culturali che si susseguiranno tra il XVIII e il XIX ... ".

6 - Particolare del cartone dell'Ambrosiana. La sezione di sinistra, fino all'asse di simmetria.
Il margine sinistro dell'area lasciata libera dalle figure forma un angolo quasi retto. A loro volta, le mani della figura di ... protese verso quel vuoto suggeriscono a loro la mancanza di qualcosa di previsto e non detto. Il cartone è del .... Lo scoprimento della Sistina del 1511.

7 – Particolare di Michelangelo con il gomito sinistro appoggiato alla pietra, che riflette, dubbioso, sul messaggio che sta per lasciare.

Appendice ad Architettura e Psiche / sintesi

Dopo il foglio di Siena, e altri disegni, il cartone dell'Ambrosiana rappresenta il progetto quasi esecutivo, non solo ideale e compositivo, ma di per sé già figurativo, della sezione basamentale della Scuola di Atene.

In nome della continuità tra la cultura classica e la tradizione cristiana in una raggiunta rappresentazione dell'umanesimo, intellettuale, filosofico e neoplatonico, Raffaello vi relaziona filosofi e matematici di un ideale mondo greco e romano ad artisti e personaggi operanti in Roma, a lui coevi.

Il disegno monocromatico è già espressivo di una quasi raggiunta unità formale. Lo è nella composizionde generale, nell'impianto architettonico e prospettico, nello svilupppo lineare dei personaggi in secondo piano e nei gruppi dialoganti tra loro; restano tuttavia, a sinistra dello spazio vuoto in primo piano, linee geometriche ed ombre nette, indicative di una un lavoro interrotto, di una decisione lasciata in sospeso. Qualcosa di non finito, come indicato anche dalla dinamica di Parmenide (o Senocrate, o Aristosseno), con le braccia protese in diagonale nel senso di quel vuoto.

Nel 1511 una parte della Sistina è scoperta e mostrata. Per Raffaello è la riprova, temuta e attesa, della centralità ed unicità del genio michelangiolesco.

Per formazione culturale e familiarità con il materiale ermetico e simbolico, prima e meglio di altri il giovane artista è in grado di riconoscere e giudicare le matrici eversive del messaggio insito nella composizione di quella volta; la sintesi innovativa dell'architettura; la potenza della narrazione sulla origini bibliche dell'umanità, l'espressività della creazione che nuda si rinnova nella bellezza della fisiologia umana; il monito per il recupero di una figuratività non celebrativa, promossa da riferimenti storici, teologici e filofici davvero attuali e permanenti; non ultima, la dimostrazione - essenziale ai fini di una cultura davvero unitaria - della possibilità di interpretare in un unico sistema figurativo i temi ed i contenuti più generali, etici ed estetici, di ogni attività creativa.

Animato da altri valori, diversamente libero da pregiudizi, e tuttavia affine, per indole intuitiva e capacità di penetrazione psicologica, all'anziano rivale, Raf-

faello è pronto a comprenderne il portato radicale di tanta innovazione, l'istanza rivoluzionaria insita in siffatta irriducibile essenzialità estetica sposata ad un pensiero etico e morale altrettanto rigoroso.

L'inserimento tardivo nell'affresco della figura di Michelangelo può significare, dunque, sia il proposito di sorprendere, sia l'intento di prendere tempo nel timore di reazioni; e non esclude un riconoscimento, una richiesta della committenza.
Non meno, sottintende la consapevolezza di un intervento infine necessario all'equilibrio figurativo di una composizione lasciata in parte in sospeso, in bilico tra ipotesi alternative, pensate e studiate.
E' un dato che, mentre tutti i personaggi sono composti e dinamicamente relazionati in un insieme lineare o in gruppi, già dal cartone la figura di Diogene risulta invece isolata e, rispetto al vuoto alla sua sinistra, non proprio equilibrata.
Resta inoltre ragionevole ritenere che nell'ipotesi della soluzione con Michelangelo, a quel punto virtualmente a suo modo già estraneato, la predisposizione alla sua destra della figura oscura e criptica di Diogene, per di più in quella postura tanto mossa e diagonale, non sia affatto casuale; non solo ai fini di un predisposto reciproco equilibrio figurativo, ma anche per la sovrapposizione e affinità dei loro problemi o aspetti caratteriali.

La scelta di Raffaello, qui giunti, è altrettanto radicale.
Nella parte in primo piano della Scuola di Atene, quella per qualche moto interiore, opportunità o ragione lasciata non finita, accosta altro intonaco a quello ormai indurito e, appresso, vi compone la figura di Michelangelo.
In breve, la figura di Michelangelo, assorta, lo sguardo assente sugli "stivali di pelle sopra lo ignudo", è ben inserita; non appare affatto nè imprevista né improvvisata; benché isolata, si compone con la figura alla sua sinistra, della quale riprende e assorbe la dinamica delle braccia tese; e in una ariosa e bilanciata composizione emisimmetrica si equilibra con la postura diagonale e le gambe divaricate di Diogene. Non so di disegni e cartoni; ma immagino le ipotesi sulla postura, sul genere di sentimenti da lasciar trasparire; sul carattere dominante da scegliere; da cui, infine, la figura scura e dimessa, poggiata sul candore di quel masso di marmo, materia prima dello scultore, sovrappensiero su quel che varrà dire in quel messaggio.
La postura definitiva, quella che vediamo, è quella di un uomo robusto e maturo; non nell'atto, ma durante una riflessione, quello che sembra un ripensamento su quel che sta scrivendo sul foglio spiegato sul marmo; la mano destra che trattiene la penna; l'altra a sostenere la tempia sinistra; una gamba distesa, l'altra piegata, pronta a potersi alzare. Pensieroso. Di traverso.

Di traverso come quel blocco di marmo; ma in una posizione limite, portatrice di interpretazioni simboliche, dunque comprensibili, e tuttavia non definitive; come si addice a qualcosa che, essendo vero, non va detto; non comunque in modo certo e definitivo. Ne andrebbe, in quella corte, tra quelle mura, del futuro di Michelangelo; e dello stesso Raffaello.

Ma tutto di questo episodio, per forma e per contenuto, dice di una sterzata. Di una sterzata alla direzione ed al senso della composizione dell'affresco, che riflette e racconta - nei modi più illuminanti e durevoli della storia, quelli dell'arte - una mutazione intervenuta in questa epoca, di per sé tanto specifica ed al momento ancora solare, già dal primo scoprimento degli affreschi michelangioleschi della Sistina.

Una svolta che con altre soluzioni di continuità - il sacco di Roma, la chiesa anglicana, il Luteranesimo, la Controriforma - introduce a stagioni diverse e crepuscolari del Rinascimento romano, dalle manifestazioni di maniera ancora monumentali ma essenzialmente celebrative, a quelle di un manierismo invece elusivo ed eversivo, tale da minare e minacciare dal profondo l'ortodossia del formalismo della Chiesa di Roma; una attività, questa ultima, sotterranea e minante, che con opere e scelte di parte vede Michelangelo evolvere da precursore di riforme etiche ed estetiche anche a protagonista autorevole ed assoluto di queste istanze.

*

Senza entrare nel merito degli innumerevoli riferimenti simbolici, enigmatici, esoterici insiti nell'affresco, (opposto a quello della Disputa del Sacramento, dedicato nella stessa stanza alla Fede ed alla Teologia), - e meno ancora in quelli infiniti della Sistina, spesso anche umanamente polemici - vale tuttavia mettere a fuoco alcuni dati essenziali sulle due figure centrali rispetto a quella in primo piano.

Sulle figure di Platone, Aristotile e Plutarco; e quindi sulla inversione tra la conoscenza che procede dalla percezione al pensiero, a quella del ritorno dal mondo intelligibile a quello sensibile della realtà apparente. Processi per il neoplatonismo rinascimentale complementari e sovrapponibili, in una unità coincidente con il principio unitario e vitale di Plotino, per il quale "pensiero" ed "essere" sono un "unicum". Da cui, anche l' "anima" e l'articolarsi, dubbioso, problematico, dialettico, del pensiero.

Una prima indicazione di questi atteggiamenti della coscienza si ha nell'indice rivolta al cielo di Platone, nella mano tesa al mondo di Aristotile, nell'aspetto pensieroso di Plotino; atteggiamenti che, tornando a Michelangelo, ne dicono della natura problematica, del suo rifarsi a caratteri e valori fondamentali dell'uomo e del suo mondo; caratteri e valori che l'affresco della Scuola di Atene esprime nella pienezza di un equilibrio che sembra fissarne la perfezione e la perennità; un'enfasi ed una stabilità già distanti tuttavia dall'esprimere quel mondo dello spirito che, per Michelangelo, sta all'origine sia dei principi e dei valori, sia di una conoscenza e concezione anche critica della storia che ne implichi una visione.

La grandezza d'animo, la singolarità di Raffaello nella Scuola di Atene sta nel comporre questa combattuta e irrisolta contraddizione tra le due diverse concezioni o visioni, accogliendo quanto recepito del messaggio di Michelangelo (da cui, l'Eraclito con la penna in sospeso), e nell'esprimerlo in tutta la sua trasversalità figurativa e semantica. Una scelta che implica una autocrica sul proprio operato, o quanto meno il sorgere di un dubbio sulla attualità e permanenza del mondo che anche lui, Raffaello Sanzio da Urbino, ha magistralmente appena composta e fissata nel suo affresco.

Tuttavia quel mondo di tante voci, di Leonardo, Bramante, ed ora di Michelangelo, che già ha in sé i germi per mutare, è anche il suo; è il momento che anche lui vi appaia. In ragione dell'intelletto, l'uomo rinascimentale si pone al centro del mondo, ne domina la realtò, ne rappresenta l'ordine.

L'annuncio del cambiamento insito nell'affresco della Sistina, sta nella sua magistrale apertura a valori etici ed estetici non celebrativi e non assoluti, in nome di una umanità che non teme di ripensarsi anche in modo critico dalle origini della sua storia.

Si tratta di un fascio di luce sul mistero della rappresentazione dei fondamenti esistenziali; un processo creativo sostenuto, in Michelangelo, da fede e devozione in una realtà trascendente e perfetta, espressiva della realizzazione del Sé nell'archetipo della divinitò; non meno, sostenuta da libertà e dignità di matrice intellettuale; libertà e dignità vissute nel dubbio dell'esperienza, nella ricerca della verità, nella realizzazione di quegli archetipi della totalità e della perfezione che da allora - anche se in termini certamente meno definitivi e mai assoluti - potremmo cominciare ad identificare in una concezione anche laica, problematica e moderna della conoscenza.

Ho detto della grandezza d'animo e della singolarità di Raffaello nella Scuola di Atene nel riconoscere il merito e il senso del messaggio di Michelangelo nell'affresco della Sistina. Una scelta che ne esalta i dati essenziali del carattere; ossia, la ragione e il sentimento (inteso, questo ultimo, come attitudine dell'intelletto ad esprimere giudizi di valore sulle cose).

Resta, tuttavia, sottintesa ma non inespressa, l'attività irrazionale della psiche inconscia; una presenza costante (anche se davvero inavvertita), dalle manifestazioni riequilibranti, quando non contrarie o avverse nei confronti delle attività coscienti.

E' infine pensabile che nell'ambiente fazioso e competitivo della Curia vaticana, dove i favori del pontefice sono determinanti ad ogni fine, timori, invidie e gelosie tra interessi contrastanti restino all'origine di diffidenze, avversioni o discordie anche personali e durevoli. Uno stato d'animo, quindi, comune anche tra i protagonisti di questa pagina; che in Michelangelo si può riassumere in un pregiudizio sulla furbizia, sul farsi valere dell'altro; e che in Raffaello si può attribuire, prima che a lui, alla malevolenza di un ambiente bramantesco prevenuto e insidioso.

In quelle stanze, tra opposti interessi, Raffaello non può non averci messo del suo; ma resta il fatto della sua scelta cosciente, maturata e preparata quasi di certo dal cartone dell'Ambrosiana, e resa palese con quel primo piano della Scuola di Atene che, anche se in modo criptico o contraddittorio, rende onore e giustizia alla prodigiosa visione della Sistina.

Infine, anche l'inconscio (onnipresente e dispettoso, memore di qualche umore dell'animo respinto dal buon senso, ma nel profondo non del tutto sopito) non può a sua volta non averci messo del suo; - sia nello spingere verso le soglie dell'intuizione il suggerimento ermetico e simbolico di quella anomalia trasversale ma risolvente; trasversale perché manifestazione di uno stato d'animo non del tutto davvero acquetato; risolvente perché comunque espressivo di una sintesi logica e figurativa; - sia nel suggerire alla coscienza una sintesi di interne insanabili dicotomie con l'idea sintetica di quel masso, di quel parallelepipedo di pietra posizionato di traverso rispetto all'orditura generale, e tuttavia frenato sul limite dell'asse di simmetria.

Come dire, bloccato alle soglie della coscienza razionale, là dove il sentimento - il giudizio di merito sulla scelta in atto - prevale sulle logiche di un raziocinio contingente e infine, in modo certo e consapevole, decide e si esprime.

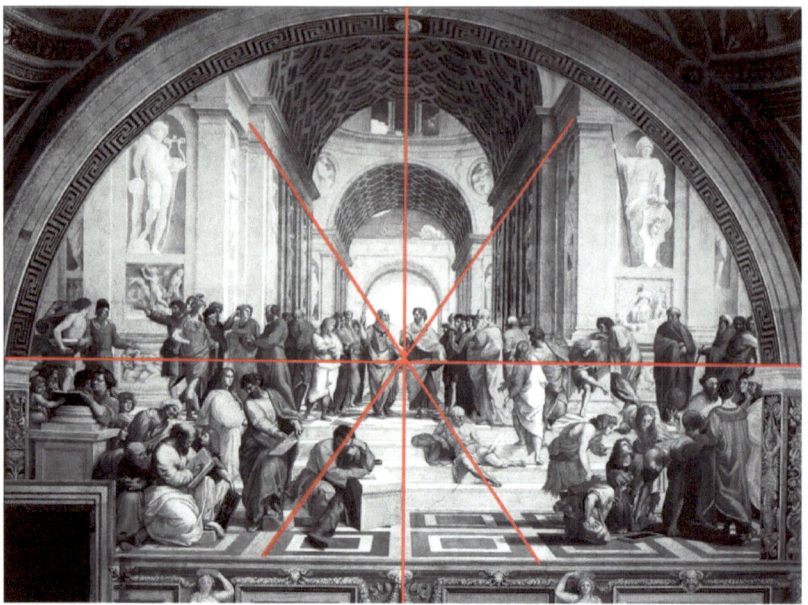

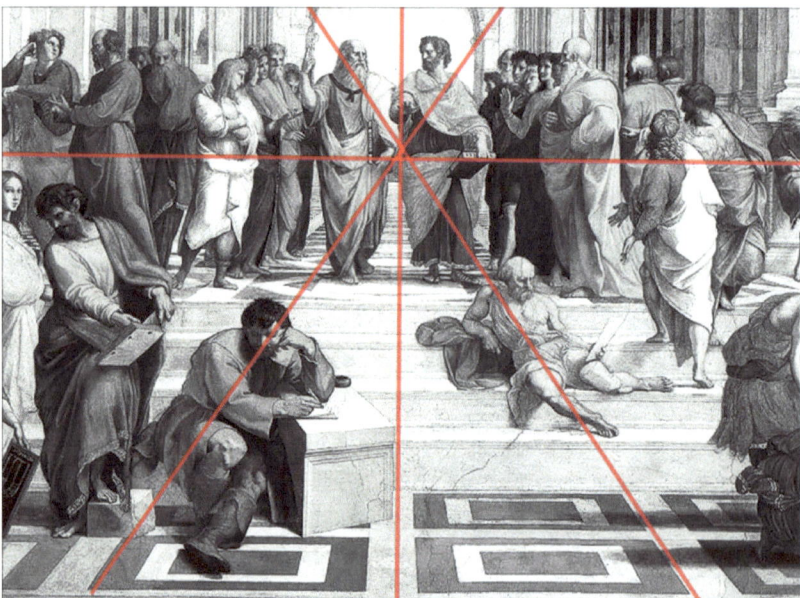

8 - Segni strutturanti l'affresco, afferenti la tesi.

9 - Ruolo degli stessi segni nel comporre le figure di Eraclito e Diogene. Il triangolo in primo piano, coerente con l'impianto planivolumetrico dello spazio figurativo, rileva la condizione di inserire nell'affresco l'elemento mancante nel cartone dell'Ambrosiana, con la figura - già in sospeso - di Michelangelo.

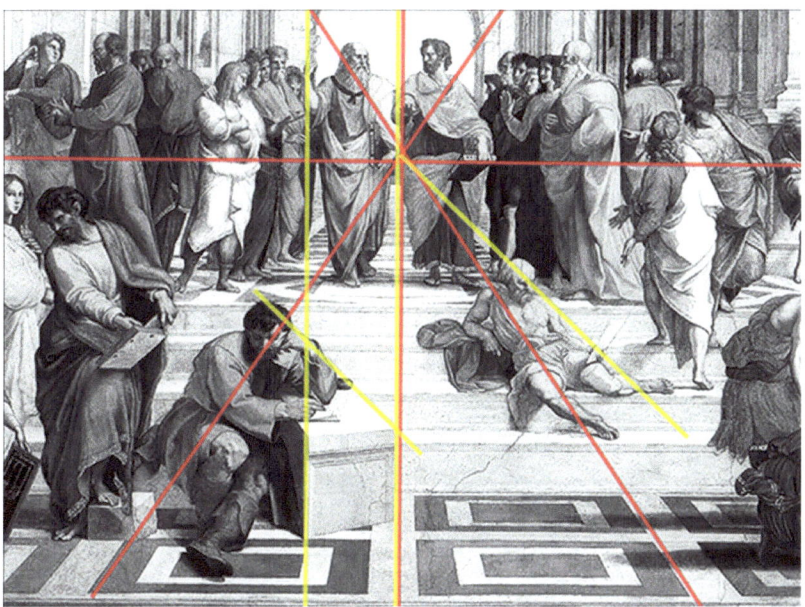

10 _ Il blocco di marmo che si staglia sotto la figura di Platone esprime il ruolo svolto da Michelangelo nel sostenere la cultura umanistica e neoplatonica.

11 _ Riferimenti diagonali e angolari tra le figure di Eraclito e Diogene.

RAFFAELLO / Rime e lettere

Come la veggo e chiara sta nel core
tua gran bellezza, il mio pennello franco
non è in pingere egual e viene manco,
perché debol riman per forte amore.
Sì mi tormenta lo infinito ardore.
Il volto roseo, il seno colmo e bianco,
con lo rotondo delicato fianco,
ha di vaghezza che abbaglia di splendore.
L'insieme allo pensier tutto commosse,
che atto non fe' il saper; perciò nemica
fece la man che al ben ritrar non mosse.
Ognor fisso studiar in dolce amica
quella beltà che ciel credea sol fosse,
fia che il desiar compirà la mia fatica.

[Al Castiglione] Signor conte.

Ho fatto disegni in più maniere sopra l'invenzione di Vostra Signoria e
sodisfaccio a tutti, se tutti non mi sono adulatori, ma non sodisfaccio al mio
giudicio, perché temo di non sodisfare al vostro. Ve gli mando. Vostra
Signoria faccia eletta d'alcuno, se alcuno sarà da Lei stimato degno. Nostro
signore con l'onorarmi m'ha messo un gran peso sopra le spalle. Questo è la
cura della fabrica di San Pietro. Spero bene di non cadervici sotto, e tanto più
quanto il modello ch'io n'ho fatto piace a Sua Santità, ed è lodato da molti
belli ingegni. Ma io mi levo col pensiero più alto. Vorrei trovar le belle forme
degli edifici antichi, né so se il volo sarà d'Icaro. Me ne porge una gran luce
Vitruvio, ma non tanto che basti. Della Galatea mi terrei un gran maestro, se vi
fossero la metà delle tante cose che Vostra Signoria mi scrive; ma nelle sue
parole riconosco l'amore che mi porta, e le dico che, per dipingere una bella,
mi bisogneria veder più belle, con questa condizione: che Vostra Signoria si
trovasse meco a far scelta del meglio Ma, essendo carestia e di buoni giudici e
di belle donne, io mi servo di certa idea che mi viene nella mente. Se questa ha
in sé alcuna eccellenza d'arte, io non so; ben m'affatico di averla. Vostra
Signoria mi comandi.

1512 c. (Raffaello, Rizzoli, 1956).

*? ... l'enigma della Gioconda, il ritratto che Leonardo fa di sé, della propria
anima.*

MICHELANGELO / Rime

I' ho già fatto un gozzo in questo stento,
coma fa l'acqua a' gatti in Lombardia
o ver d'altro paese che si sia,
 c'a forza 'l ventre appicca sotto 'l mento.
La barba al cielo, e la memoria sento
in sullo scrigno, e 'l petto fo d'arpia,
e 'l pennel sopra 'l viso tuttavia
mel fa, gocciando, un ricco pavimento.
E' lombi entrati mi son nella peccia,
e fo del cul per contrapeso groppa,
e ' passi senza gli occhi muovo invano.
Dinanzi mi s'allunga la corteccia,
e per piegarsi adietro si ragroppa,
 e tendomi com'arco sorïano.
Però fallace e strano
surge il iudizio che la mente porta,
ché mal si tra' per cerbottana torta.
La mia pittura morta
difendi orma', Giovanni, e 'l mio onore,
non sendo in loco bon, né io pittore.

Qua si fa elmi di calici e spade
e 'l sangue di Cristo si vend'a giumelle,
e croce e spine son lance e rotelle,
e pur da Cristo pazïenzia cade.
Ma non ci arrivi più 'n queste contrade,
ché n'andre' 'l sangue suo 'nsin alle stelle,
poscia c'a Roma gli vendon la pelle,
e ècci d'ogni ben chiuso le strade.
S'i' ebbi ma' voglia a perder tesauro,
per ciò che qua opra da me è partita,
può quel nel manto che Medusa in Mauro;
ma se alto in cielo è povertà gradita,
qual fia di nostro stato il gran restauro,
s'un altro segno ammorza l'altra vita?

*

12 _ F. Borromini, Sant'Ivo alla Sapienza
(Wikipedia).

Da 'L'idea della forma'
Epilogo

Se fosse possibile scindere l'*idea* e la *forma* dalle loro matrici mentali, (se davvero fosse possibile scindere il concepimento dell'idea dal suo svolgersi, dal suo prendere forma), mi riferirei all'*idea* come ad una manifestazione del carattere introverso e irrazionale della psiche, un prodotto dell'inconscio indotto dalla intuizione fino alle soglie della coscienza; e quindi, come ad una attivazione della coscienza, non scontata, ma conseguente una attività vissuta con passione e svolta con studio e competenza.

Mi rivolgerei quindi all'*idea* come ad un suggerimento illuminante, da cogliere con fiducia e prontezza, ma anche con prudenza e disposizione a un serio lavoro. E dell'idea cercherei di coglierne il nucleo, il concetto, lo stimolo risolvente, con segni rapidi o note in bianco e nero, al modo degli appunti che gettiamo al risveglio, nel tentativo di fermare gli elementi, i tratti essenziali di un sogno. *Idea*, dunque, come essenza e sintesi di una nuova sorgente concezione. Che nel cogliere e nel fissare con rapidità i dati di origine introversa della psiche ne assume, e in breve ne razionalizza e riassume, aspetti, dati e denotati essenziali.

Penso alla *forma* come ad una esperienza dalle origini simili; ma connotata da uno svolgimento rivolto maggiormente nel verso delle attività mature e razionali della psiche; uno svolgimento soggetto quindi ai metodi della coscienza e intriso dal sentimento (ossia, guidato dai giudizi di valore sulle cose).

Come dire: penso alla forma come ad una esperienza attivata, promossa e indotta dall'inconscio attraverso l'idea; una esperienza che la psiche travasa con l'intuizione alle soglie della coscienza e che la ragione e il sentimento pongono infine in un rapporto, estroverso, progressivo e critico, con la cultura e con la storia.

La conversione dell'idea da entità introversa a forma estroversa, e il confronto con la cultura e la storia ne implicano revisioni e verifiche. Da cui, la duttilità della forma nella esplicitazione dei suoi contenuti e i diversi tempi richiesti per il suo svolgimento, la sua definizione.

Più sfumata e allusiva dell'idea, dunque, la forma; e più simile nel suo esplicitarsi e comporsi (come con tonalità anche cromatiche) al modo con il quale dopo un sogno si tenta non più di fissarne la memoria con segni o parole, ma di riviverlo e descriverlo, al modo di una moviola, per penetrarne al meglio ogni aspetto e coglierne in profondità, con le ambiguità, con le polivalenze, il senso.

Forma, quindi, ancora come sintesi ed essenza di una nuova concezione; ma in quanto risultato di una esperienza che, nel porsi tramite la ragione e il sentimento in rapporto con la cultura e la storia, assume connotati figurativi e denotati semantici sempre più autonomi e distinti, tuttavia essenziali al mantenimento dei caratteri originali e autentici dell'idea.

Con la riflessione, con lo studio e le verifiche, il processo di retroazione si affina. Così come, messa a confronto con la cultura e la storia, l'idea diviene più chiara e si circostanzia, a sua volta la forma le si accompagna e si definisce; sia come espressione culturale soggettiva, sia come manifestazione ancora individuale e originale, ma nell'ambito di un linguaggio specifico e condiviso.

Fin quando ad una idea finalmente circostanziata - libera dalle indeterminatezze dell'inconscio e ormai cosciente, libera come una scultura sbozzata dal suo blocco di pietra - anche la forma assume connotati e denotati (caratteri e significati) sempre più definiti e identitari; aspetti e valori in parte autonomi anche dalle matrici dell'idea perchè messi a nudo da ogni sovrastruttura ideogrammatica e progressivamente davvero precisati, autentici, originali, appaganti.

Questo momento conclude la fase della creazione; quando nel suo definirsi in forma - dopo illuminazioni, ripensamenti e riflessioni, dopo sconfortanti attese e silenziose provvide ruminazioni - l'idea, ormai matura, si confronta con la cultura e la storia, e quindi con l'esercizio e il mestiere; una fase in cui sia l'aspetto creativo della logica, sia l'analisi che ripercorre con metodo i sentieri dell'esperienza, diventano protagonisti e strumenti.

Da un lato l'idea si confronta con l'intelligenza, dall'altro con la tradizione; con l'estro e l'ingegno, dunque, ma anche con le rassicuranti metodicità di maniere e consuetudini.

E' un confronto inevitabile e continuo, che comporta scelte e soluzioni non scontate; verso un esito che infine soddisfi la ragione così come le perduranti inquietudini e sollecitudini, non meglio definibili, di origine irrazionale; le stesse che fino all'ultimo atto della creazione lasciano, nel senso di insoddisfazione e nella ulteriore ricerca di perfezione, una impronta di sé.

[Sulla considerazione che 'con la riflessione, lo studio, le verifiche, il processo di retroazione si affina' - giova rilevare come una relazione retrattiva e biunivoca, simile alla lettura, all'osservazione e all'ascolto, la si abbia anche tra il proferire, leggere, ascoltare una 'parola' e adire al suo 'senso', alla sua comprensione specifica; almeno ogni volta che alla parola (o idea) le si voglia restituire la nozione più appropriata nel contesto in cui la stessa è proferita (o concepita).

Si tratta di un processo della psiche cosciente, e non solo di quella, perchè coinvolge la memoria; un processo per il quale la psiche si attiva tornando sulla relazione parola/senso (così come sull'idea e sul suo prendere forma); e la reitera (re-iter) e coinvolge con la memoria (irrazionale), con l'immaginazione (semicosciente) e le associazione di idee; fino a quando per effetto di questo iter il suono o la scrittura di quella parola (o d'altro) si combina e si dispiega nella compiutezza della propria composizione e rappresentazione; (come dire: fino a quando l'idea riassume in sé l'espressione della forma più attesa e appagante).
Un fenomeno che non contraddice, ma si accompagna a quello non meno complesso per il quale i rapporti tra i significati delle parole si fondano su regole che costruiscono le strutture interne al discorso; così come i procedimenti, gli stessi che consentono all'idea di manifestarsi ed esprimersi in forma, rispondono a loro volta a metodiche sintattiche e ad ambiti di libertà altrettanto definiti e necessari.

2017

*

Ringrazio gli architetti Giuseppe Porsi e Marco Vannelli per i suggerimenti sulla Scuola di Atene.

VALTER VANNELLI, 1931, Professore dell'Università degli Studi 'La Sapienza' di Roma, dal 1972 al 2001 ha insegnato Composizione e Progettazione nella Facoltà di Architettura / Dipartimento di Storia, Restauro e Conservazione dei beni architettonici.

Libri e saggi sono reperibili in biblioteche centrali, archivi di stato, accademie, fondazioni culturali, facoltà e dipartimenti (Bibl. Nationale de France; British Library; St. Pancras Reading Rooms; Deutschen Nationalbibliothek; Libr. of Congress; National Libr. Australia Camberra; Staatsbiblioteck Berlin; Bayerische Staatsbiblioteck; National Diet Libr. Japanese; National Gallery of Art Libr.; Stanford University Libr.; bibl. universitarie dell'Alessandrina, Sorbonne, Cambridge, Oxford, Basilea, Barcellona, Berlin, Heidelberg, Bamberg, Zurich, BSZ Baden Wurttemberg, Amsterdam, Zurich, Barcellona, Catalunya, Valladolid ... Danish Union Cat., Danish National Bibliography; Rijksuniversiteit Groningen; Bibl. Inf. system Carl von Ossietzky, Universität Oldenburg; Gestaltung Basel; ETH-Zurich; Sistema Bibli. Ticinese; Hochschulbibliothek Luzern; ... Syracuse University; Cornell Un. Ithaca; SUNY Buffalo; National Gallery Art Libr., WA; College William Mary Earl Gregg Swem Libr., Williamburg; Texas S.Antonio; Arizona State Un. Libr., Tempe; British Columbia Libr., Vancouver; California Santa Barbara Davidson; Western Australia Crawley; Trobe University, Bundora Campus Australia; Canadian Centre Architecture, Montréal; Toronto Robarts Libr.; Princeton Un. Library; McMaster Un.; MIT Massachusetts Inst. Technology; Cambridge; Marylan Theodore R. McKeldin Libr.; National Gallery of Art; Harvard; British Columbia; California; Yale; Montreal; Milano; Venezia; Firenze; Serv. Bibl. Naz. / ICCU; Bibl. del Congresso di Washington; Hertziana Max-Planck-Institut; bibl. Senato e Camera dei Deputati, Roma; Archivi di Stato, ACS; ...).

Tra i titoli pubblicati su ROMA/Architettura e Storia, e su altri argomenti, oltre a numerosi saggi:

- ECONOMIA DELL'ARCHITETTURA IN ROMA LIBERALE, 1979
- ECONOMIA DELL'ARCHITETTURA IN ROMA FASCISTA, 1981
- ROMA, ARCHITETTURA, La città tra memoria e progetto, 1998
- ROMA, ARCHITETTURA, Da città dei papi a capitale d'Italia, 2001
- MARCELLO PIACENTINI E LA GRANDE ROMA, 2010
- ROMA FASCISTA, ARCHITETTURA - I, 2011
- VIA ALESSANDRINA E LA SPINA DEI BORGHI, Architettura del Concordato, 2017

- L'ARCHITETTURA DEL FERRO IN FRANCIA, 1972 e 2010
- PAROLE E IMMAGINI, 2002
- 1946 E DINTORNI, Immagini della memoria, 2004
- ARCHITETTURA E PSICHE, 2008
- PER ORME E SASSI, Parole e immagini, 2, 2010
- 1946, QUEGLI ANNI, 2011
- ARCHITETTURA DEGLI STATI UNITI, 2011
- FIGURE FRAGILI, Parole e immagini, 3, 2015
- L'IDEA DELLA FORMA, Saggi, 2017

www.valtervannelli.it , *(2400 file, 70000 visite per anno. Dati Webalizer del 2011)*

www.ingramcontent.com/pod-product-compliance
Lightning Source LLC
Chambersburg PA
CBHW050920290526
45792CB00002B/833